JENNIFER HILGERT & MARINA BERIN

Weinworte

JENNIFER HILGERT & MARINA BERIN

Weinworte

Gedichte & andere Weinsamkeiten

Bibliografische Information der Deutschen Nationalbibliothek: Die Deutsche Nationalbibliothek verzeichnet diese Publikation in der Deutschen Nationalbibliografie; detaillierte bibliografische Daten sind im Internet über dnb.dnb.de abrufbar.

© 2021 Jennifer Hilgert & Marina Berin
Herstellung und Verlag: BoD – Books on Demand, Norderstedt

Coverbild: EnginKorkmaz – stock.adobe.com

ISBN: 9783755740124

»Wein ist Poesie in Flaschen.«
Robert Louis Stevenson

Die exponentielle Fortpflanzung der Gefühle beginnt im Weinglas.

– M.B.

Du sagtest: »Zwei Scheureben
für dich und mich am Rhein?«

Ich nahm sie und dich beim Wort
und antwortete: »Einen Augenblick
zum Bleiben, bitte!«

– J.H.

7

Wir trafen uns in der kleinsten
»weinraumwohnung« der stadt,
lasen aus unseren augen
wie aus büchern.
plötzlich sprachen sie von
gott und der welt, tranken auf die liebe.
wir bemerkten, wie wir langsam
zur nebensache wurden.

sie brauchten nur sich
und unsere münder nur uns.
nichts weiter.

- J.H.

Glück im Glas

Ich hefte Blumen an meine Art
zu denken und zeichne ihnen
Vasen. Der Stiel, das Bouquet,
der Kelch, ...

Malst du all das für mich aus?

- J.H.

Der Wein ist rot und ihre Lippen auch und ihre Hand berührt die seine. Der Abend wird interessant.

– M.B.

Man nennt dich den Weinverführer. Ich nippe am Weinglas. Es schmeckt immer noch nach dir. Du befiehlst mir mehr, noch viel mehr zu schmecken. Und ich: genieße.

- J.H.

10/11

Im schlafzimmer mit der blauen
bettwäsche brennt noch licht.
vielleicht komme ich
dich besuchen, bringe roten wein mit
und eine kugel zärtlichkeit.
male dir den sternenhimmel
an die decke.

und wenn die kerzen ihres tanzes müde sind,
erlöschen sie und dann verrate ich dir
(im flüsterton),
wie das fliegen
geht.

– M.B.

Aus deinen augen
möchte ich trinken
in deinem atem still
versinken
koste meine lippen
sie schmecken nach

weinseligkeit

- J.H.

12/13

Sie wurde geweckt vom
Morgen, wie ziemlich täglich,
heute im fremden Bett, wie ziemlich
einmal im Jahrzehnt; vermutlich
war das ein Glas zu viel
gestern.

Und während er noch schläft,
schminkt sie ihren kussmüden
Mund, am Fenster stehend,
und wundert sich:
Welcher Architekt hat es gewagt,
inmitten dieser bunten Landschaft
graue Häuser zu bauen.

- M.B.

Weingedanken 1

Wenn ich mich vor dem *»ohne uns«* fürchte,
nimmst du mich fest in den Arm.

- J.H.

Und jedes Mal,
bevor der süße Wein
deine durstigen Lippen erreicht,
schmeckst du die Kälte
des Glasrandes.

– M.B.

Weine nicht. Und wenn doch,
mischen wir deine Tränen den
dickbauchigen Glasinhalten unter.
Du weißt, was das für unser
L(i)eben bedeutet. Ich noch nicht
ganz, aber ich habe das Gefühl,
wieder repariert zu werden.

- J.H.

16/17

Der Abend hängt an uns
Und wir an seiner Kunst
zu denken. Mit verliebten
Augen zeichnen wir Blumen
auf den Grund unserer Kelche.
Schließlich wissen wir noch
nichts über unsere Zukunft.
Doch wir sind wie Kinder, erahnen
es und tun zumindest so, als ob.
Und wir tun es. Wir tun es wirklich.

Wir sind Gedankenakrobaten.

- J.H.

Weingedanken 2

Begegnest du der Einsamkeit,
leiste ihr Gesellschaft.

- J.H.

Lade mich ein zu
Dir nach Hause zu
einer Tasse Tee, zu
einem Glas Wein*, zu
langsam vergeht die Zeit
ohne Dich, zu ereignislos.
Zu einsam.

Lade mich ein. In Dein Herz,
für einen Spaziergang in Deinem Museum
der Gefühle. Ich werde die Bilder an den
Wänden betrachten und nichts berühren, ich
verspreche es Dir.

Lade mich ein, damit wir wieder wie
früher sein können, nicht älter und nicht
erfahrener: Denn die Erfahrung ersetzt das
Fühlen. Nimm meine Hand, führe

sie zu Deinem Gesicht und bringe
meinen Fingerkuppen (wieder)
das zärtliche Berühren bei.

Wir dürfen nicht vergessen,
wie das Lieben geht.

* (eigentlich sind mir der Name des Getränks und
seine physischen Eigenschaften egal. Hauptsache, bei
Dir zu Hause.)

– M.B.

20/21

Es fühlt sich an wie ein gedicht
in wärme gehüllt
doch das ist es nicht
ich vermisse deine worte in meinem ohr
nicht ihren inhalt
mit nähe bedacht
lange habe ich nicht an ihrem
wahrheitsgehalt gezweifelt
es hat sich so wahr angefühlt
von ruhe beflügelt
trotzdem bin ich noch hier. wir verlassen
dein bett heute nicht. wir trinken das licht
und atmen die sterne ein. sie duften ewigfarben
irgendwo entkorkt jemand ein
château noir
aus hoffnug gemacht

- J.H.

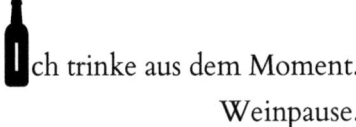ch trinke aus dem Moment.
Weinpause.

- J.H.

Manchmal, an solchen Tagen
wie heute zum Beispiel,
will ich Dich in meinem Bett
haben oder wenigstens
am Frühstückstisch,
denn mindestens

Tausend Geschichten sind noch nicht erzählt,
tausend Küsse sind noch nicht geküsst,
tausend gemeinsame Weintropfen sind
noch nicht getrunken, und ja,

dieses Gedicht darf
als eine Einladung
interpretiert
werden.

– M.B.

In vino veritas

Die wirklichkeit unter
verschluss zu halten,
das können wir auch
mit »rainers riesling« versuchen.

wobei: als echte rampensau ist seine
wahrheit vielleicht nicht die deine.
lass uns das leben nehmen, wie
es ist:

wahrscheinlich beschissen schön!

– J.H.

Die letzte Glühbirne in deiner Küche
sang ihr Abschiedslied. Doch das Kerzenlicht
reicht uns gerade aus.
Es ist nicht mehr weit
bis zum Boden der Weinflasche.

Und wenn du mir schon ein Herz
mit deinem Finger auf die Handfläche malst,
dann schafft der Tisch zwischen uns beiden
vielleicht
eine unnötige Distanz,
meinst du nicht?

– M.B.

Der Wein ist die Flüssigkeit,
die es einmal wagte, sich zu verlieben.
So wurde sie rot.
So wurde sie lieblich.
So bekam sie den Geschmack der
verbotenen Früchte.

- M.B.

26/27

Sorgen spülen, mit dem Abwasch
von gestern.
Die Sonne scheint so schön
zum Schein.
Den reinen Wein
platzieren wir im Syphon.
Es blüht das Herz, nun landet es im
Präteritum. Du gießt meine Hoffnung zu
Blei.

- J.H.

Und wie an jedem Samstagabend
trinken wir unsere Gedanken leer,
streicheln unsere Probleme wund.
Wir küssen unsere Sorgen von den
feuchten Augenlidern, wärmen uns am
Gestern und trinken aus dem Morgen.
Als wäre uns wieder leicht ums Herz,
mit Bona Dea im Takt wiegen wir die
fleischgewordenen Glaskörper.

Extase.

- J.H.

28/29

In deiner unaufgeräumten
(aber gemütlichen) Küche,
zwischen deinem Lächeln und Weingläsern,
erzählen wir uns alte Geschichten
in Staubsauger-Lautstärke.
Die Einladung zum Tee
ging in die Wahrheitssuche über.
Der Rotwein schmeckt etwas süßlich und
nach Sommeruntergang.
Noch eine Stunde bleibe ich da
oder doch mehrere,
bis uns eine deiner Uhren taktlos weckt
irgendwo, im Schlafzimmer
vermutlich...

– M.B.

Du füllst unsere vergangenheit
in kristallgläser und speist sie mit
liebe ab
trägst mich ans geöffnete
küchenfenster, meine narben liegen
offen
du stößt mit mir an
wie ich es mag
bei james arthur und französischem
wein (du sagst, du hast nur einen einzigen
wunsch), damit der wolkenvorhang sich
aus unserem leben verzieht und nur noch
unser herzschlag
unterm mainzer himmel
hängt

- J.H.

30/31

(**N** och) sitzen sie am tisch.
(noch) sind die gläser voll.
ihre lippen sind (noch) rot geschminkt.
sie trinkt.

er sitzt ihr (noch) gegenüber,
seine gedanken sind (noch) halb zu hause,
neben der anderen frau.
er trinkt.

sie reden (noch) über belanglosigkeiten.
schenken einander worte und lächeln.
was er (noch) nicht weiß:
ihre zehennägel sind rot lackiert.

- M.B.

Dein Portrait ist Poesie
Mit einer Flasche Wein
beginnen wir zu sprechen
Hätten dich meine Augen
Bloß nie geliebt

- J.H.

Zweisamkeit

↓

Einsamkeit

 ↓

einsamkeit

- M.B.

Zwischen Jetzt und Dir
Sehnsucht
Zwischen Hier und Mir
Weinprobe

- J.H.

34/35

Ohne dich schmeckt der Wein nur aus Senfgläsern.

- J.H.

Meinen Rotwein trinke ich
heute alleine.
Wundere mich nicht über die
bittere Note, die er bei
mir hinterlässt. Schließlich hast du
mir wieder und wieder von dem
Kopfwehwein nachgeschenkt,
bevor du unser Haus und mich für
immer und ewig verlassen hast.

- J.H.

Du küsstest meine stirn
es wuchsen blumen auf ihr
du schriebst mir ein gedicht
ins herz, es heftete sich fest
du liebkostest meinen hals
bis es mir zu fruchtig wurde

mir ist eine flasche lieber

- J. H.

Eines Tages ertränken wir unsere Sorgen
in vollen Zügen und
reisen mit ihnen nach Bordeaux. Die Narben
lassen uns viel zu leicht vergesslich werden:
Wir sind erst füreinander bestimmt,
wenn wir wieder alleine sind.

- J.H.

38/39

Du trinkst meine Worte wie roten Wein.
Ich deine – wie Leitungswasser.
Und wenn unsere Gläser bodenlos sind,
wie können wir dann beurteilen:
Sind sie halbvoll oder halbleer?

- M.B.

Der Abend hängt an uns,
wir – an seinen Rosélippen.
Tanzend bricht die Nacht herein.
Fremd wird uns der Morgen.
Er erinnert uns daran, wer
wir niemals wieder sein wollten.

- J.H.

Mit einem Weinglas in der Hand
beschwerst du dich wieder
über mein Verhalten.

Doch was bedeuten schon
meine emotionalen Ausraster,
wenn selbst der Himmel
einen Charakterfehler hat –

es regnet ununterbrochen in Strömen
seit einer Woche.

– M.B.

Mit roten Wangen
fangen wir den lachenden
Wein wieder ein. In jedem Raum
unser Feuer steckt. Wir schieben die
Vorhänge der Fenster zurück, die Seidenstoffe
auch. Wir betten unsere salzgeküsste
Haut auf Sand. Liebesschwüre im
Dreivierteltakt. Der Sonnenuntergang
unser einziger Strandbekleider.

– J.H.

Treffen sich zwei Entscheidungen,
Sagt die eine: Mir fallen Sätze
Auf die Füße, solche, die wir mit
Dem Buttermesser aus hohlen
Herzen höhlen. Ich bin raus. Parfümierte
Sich mit billigem Chanel und ab.
Sagte die andere: Lass mir die kleine
Chance, eine kleine Chance zu werden.
Ich entkorke auch die faulen Gedanken
Und gieße uns nochmal nach.

Es war doch alles blau, bevor wir Feuer
Fingen und im Meer der Welt ertranken.

– J.H

Die Worte werden größer:
Setzt den Lautstärkeregler außer Betrieb
die offene Weinflasche.

– M.B.

44/45

Und dann sind da ja
auch noch diese
entsetzlichen
stunden in denen
wir getre-

nnt

– J.H.

Weine mich, bat eine Träne,
halte mich nicht in deinem
Körper gefangen – wie diese
Gedanken, die dich zerstören. Weine
auch sie aus.
Der Wein erzählt dir, wie.

– M.B.

Wären wir (du & ich) Worte,
so wäre ich das Wort „Trinken" und du
das Wort „Gift" und nicht
„Wein", wie ich anfangs dachte, bevor
ich die Lippen öffnete.

– M.B.

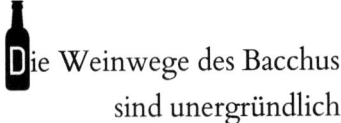 Die Weinwege des Bacchus
sind unergründlich.

– J.H.

Auf der Gefühlsebene
bedeutet die offene Flasche
tiefste Sehnsucht.

– M.B.

Hautumwoben
Ringfingernd
Rieslinggespitzte Lippen
Weinperlen von Mündern
Küssend, so zählen wir die Sonnenuntergänge
Abend für Abend
Jahr um Jahr

– J.H.

50/51

Nimm die Kristallgläser aus der Vitrine –
Sie sind das Kostbarste, was wir noch
Gemeinsam haben. Fülle sie mit dem
Wein unserer Vergangenheit und wisse:
Er schmeckt mir immer noch genauso
Gut. Die Erinnerung kann nichts für
Unseren Abschied.

– J.H.

Er: Was machst du?

Sie (Weinglas in der Hand): ich gieße Blumen.

Er: Mit Wein?

Sie: Ja. Sie welken im Herzen.

– M.B.

Weinbergnächte

In einem anderen Leben sammeln wir die Steine, die uns den Weg versperren, in unseren Hosentaschen und verwandeln sie an Vollmondnächten zu Felsen und Klippen. Die können wir besser erklimmen, wenn Sternschnuppen vom Himmel geradewegs in unsere Augen fallen.

Warum eigentlich erst dann?

– J.H.

Der meistgesuchte Gegenstand
am Abend vor dem ersten Kuss:
der Korkerzieher.

– M.B.

54/55

Im Herzen fehlt jede Spur
der Lebensfreude. Wollen wir sie
künstlich erzeugen?
Wir treffen uns in deinem Schlafzimmer:
Deine Gläser, mein Wein und
wir zwei.

– M.B.

Und wie früher
tranken wir
Wein aus Kaffeetassen
und liebten uns
wieder
wie
jede Nacht.

– J.H.

Am jungen Abend hängt
der letzte Sonnenstrahl.

Liebestrunken legt er sich dem
Weinglas nah in den kühlen Sand.

Gesellt sich hin zur blauen Stunde,
kleidet Träume in Meer und Salz.

Tränen schmecken
bittersüß, wenn Weinflaschen
Urlaub machen.

– J.H.

Wäre der Wein blau,
würde ich denken, der Himmel hätte ihn
in mein Glas geweint.

Wäre der Wein rosa,
würde ich denken,
ich wäre verliebt.

Wäre der Wein gelb,
würde ich ihn ausschließlich an
sonnigen Tagen trinken.

Der Wein ist bordeauxrot. Also
passe ich meine Lippenfarbe an
und packe neue Schuhe aus:

Bevor der Himmel weint,
bevor die Sonne sich schlafen legt,
gehe ich dich
suchen.

– M.B.

58/59

Meine Worte gehen baden
im Weinglas am Rand
des Küchentisches.
Leihen sich dort die rote Farbe aus,
die Süße und den Mut.
Und dann kommst du
und sie sind bereit,
in deinem Herzen
Blumen zu sähen.

- M.B.

Im weinkeller fand ich kein gedicht
auch in den küchenecken war
nur ein alter kaffeefleck auf dem
parkett und das alte lied vom wir
zu hören. ich mochte es noch nie

dann sprang ich in die wolken und
fand mich

- J.H.

60/61

So blühte sie
still.
So welkte sie
leise.
Und auf ihre
Weise
bedeutete sie
jemandem
eine ganze Welt.

Weinblüte.

- J.H.

»Wein wüsste, was zu tun ist«,
sagte das Leben und sang die
schönsten Lieder. Als wäre es
selbst ein Gedicht.

- J.H.

Über die Autorinnen:

Marina Berin: Lyrikerin, visuelle Poetin, Selfpublisher. Lebt mit ihrer Familie und ihren Gedichten in Böblingen. Liebt das Leben, liest Lyrik & lässt Worte in ihren Getränken baden.

Instagram: @wortabdruecke

Jennifer Hilgert: Lyrikerin, Schriftstellerin, Kinderbuch autorin, Selfpublisher. Lebt mit ihrer Familie in Mainz, träumt mit Kopf in den Wolken und sammelt Kaugummis in Kisten. Findet überall Poesie, mit Punkrock im Herzen.

Instagram: @frautuerkis_